ইকেবানা

অনিতা রক্ষিত

Ikebana

A Collection of Bengali poems

By Anaita Rakshit

প্রকাশকাল- এপ্রিল, ২০২২

গ্রন্থস্বত্ব- লেখিকা

প্রচ্ছদ- সন্তু কর্মকার

প্রকাশক- নেট ফড়িং

বিশেষ ধন্যবাদ: তন্ময় ভট্টাচার্য

সর্বস্বত্ব সংরক্ষিত- নেট ফড়িং

প্রকাশক এবং স্বত্বাধিকারীর লিখিত অনুমতি ছাড়া এই বই এর কোন অংশেরই পুনরুৎপাদন বা প্রতিলিপি করা যাবে না, কোনও গ্রাফিক, ইলেকট্রনিক মাধ্যম অর্থাৎ তথ্য সংরক্ষণের যান্ত্রিক কোনও পদ্ধতির মাধ্যমে কপি বা পুনরুৎপাদন করা যাবে না।

বিষয়বস্তু

বিষয়বস্তু

উৎসর্গ

বাবা শ্রীযুক্ত রঞ্জিত কুমার রক্ষিত-কে...

শুরুর কিছু কথা

অনৈতার লেখা প্রথম পড়ি ২০১৮ সালে। তারপর চার বছর কেটে গেছে। এই পাণ্ডুলিপির সামনে দাঁড়িয়ে অবাক হয়ে দেখছি, কীভাবে একজন কবি কৈশোর থেকে যৌবনে পৌঁছনোর পথে ধীরে ধীরে পরিণত করেছেন নিজের লেখাকে। আবেগসর্বস্ব উপস্থাপনার মাত্রা কমিয়ে, নিঁখুত করেছেন বক্তব্য। এককথায় বলা যায়, কবিতার কারুকৃতিকে ধীরে-ধীরে আয়ত্ত করছেন অনৈতা।

বইটি কি দুর্বলতাহীন? তা মোটেই নয়। বরং খুব শক্তিশালী ও নিঁখুত কবিতা দিয়ে এ-বই সাজানো হলে সন্দেহ করতাম। মনে হত, নিজেকে প্রমাণ করার তাগিদে বয়সধর্মচ্যুত হয়েছেন কবি। অনৈতা যে তা হননি, আমার কাছে সেটাই আনন্দের। দুর্বলতাগুলিকে অলংকার করেই সেজে উঠেছে এ-বই। যে-কোনো কবির প্রথম কবিতার বইয়ে এই দুর্বলতাগুলি জরুরি বলেই মনে করি। কবিও একদিন এগুলিকে চিহ্নিত করতে পারবেন। পরের বইয়ে যাওয়ার পথে, বিস্ময়কর উত্তরণ ঘটবে তাঁর। নিজেকে চেনার জন্যই প্রথম বইয়ের খামতিগুলি জরুরি। অনৈতা সে-ধাপটিকে প্রস্তুত করেছেন নিঁখুতভাবে।

তারপরও, প্রথম বই সবসময়ই আলাদা। দেখে বিস্মিত হয়েছি, ভেসে না-গিয়ে, বহু জায়গাতেই নিয়ন্ত্রণ বজায় রেখেছেন কবি। পরিণত মনের পরিচয় দিয়েছেন। এই শিক্ষা পরবর্তীকালে তাঁকে সমৃদ্ধ করবে আরও। উপস্থাপনার কারুকার্যের পাশাপাশি, প্রাণপ্রতিষ্ঠা হবে লেখাতেও। শৈলী ও প্রাণের এই যুগ্ম ষড়যন্ত্রই কবিতার মূল। অনৈতার দ্বিতীয় বইটির কথা কল্পনা করে, প্রথম বইটিকে শুভেচ্ছা জানাই। কবিতা যেন ছেড়ে না-যায় তাঁকে।

ব্যক্তিগতভাবে, কোনো কবিতার বইয়ে ভূমিকার উপস্থিতি আমার না-পসন্দ। বিশ্বাস করি, কবিতাই কবির মূল পরিচায়ক। দ্বিতীয় কোনো ব্যক্তির ভূমিকা বা 'সার্টিফিকেট' বাহুল্যমাত্র। মূল অংশে প্রবেশের আগে, পাঠকের মনে একরৈখিক ধারণা চাপিয়ে দেয় তা। কবিতার নিজস্ব জোর ও বোঝাপড়া পিছিয়ে যায় কোথাও। তারপরও, কবির প্রতি স্নেহবশত এ-লেখার অনুরোধ এড়ানো গেল না। দ্বিচারিতার জন্য নিজের কাছেও ক্ষমাপ্রার্থী আমি।

    -তন্ময় ভট্টাচার্য

বৈশাখ, ১৪২৯

1. বাবা

অলস ঘুমের শরীরে চেনা গন্ধ খুঁজে বেড়াই
পুরোনো বইয়ের ভাঁজ সেই আদরের সাক্ষী
একটা রাজার গল্পে বয়ে চলা নদীর মতোই একটা রাজকুমারী
ছিলো
গল্পে তখন সবে ভোর, আকাশে সূর্যের লাল
হটাৎ তখন সংখ্যাতত্ব 'জটিল রাশি'-কে নিয়ে মেতে উঠলো
মনে পড়ে সেই বেহালার ছড় ধরার অবুঝ অজুহাত?
মনে পড়ে সেই একমুখী বৃষ্টির আঘাত?
মনে পড়ে সেই চিন্ত্বায় সকাল?
মনে পড়ে সেই জাঁকজমকের জন্মদিন?
মনে পড়ে সেই পাহাড়ি শীতের সন্ধ্যা?
মনে পড়ে সেই বনফায়ারের রাত?
মনে পড়ে সেই জঙ্গল দাপানো বিকেল?
কি মনে পড়ে?
শেষ মুহূর্তের জল ভরা চোখের ভাষাটা বোঝাটা খুব জরুরী
কেনো বোঝো না বলোতো?
একটা লাল চোখের পর অপরিসীম আদরটা খুব জরুরী
দুই মিনিটের সিদ্ধান্তে জঙ্গলের উদ্দেশ্যে বেরিয়ে পড়াটা খুব
জরুরী
খুনসুটিগুলোকে প্রশ্রয় দেওয়া খুব জরুরী
প্রতি বছর পুজোয় মাঝরাতের শহর ঘোরা খুব জরুরী
আরো আরো অনেক কিছু অনেক জরুরী
দিনের শেষে একটা 'সোনা মা' শোনা খুব জরুরী।

2. অর্ধনারীশ্বর

একমুখী রক্তপ্রবাহ অসাবধানী করে তোলে বারবার,
চাওয়া-পাওয়ার অনুপাতে বিদ্রোহকে ঘিরে ধরে।
বিশ্বাসহীনতায় অর্ধনারীশ্বর।
অবহেলা কাগজে কলমে অদৃশ্য ঠিকই,
কিন্তু মনের মধ্যে ছদ্মবেশী ঘুন-পোকার মতো,
সময় প্রমাণ করেছে ইতিহাস বিচ্ছেদপ্রেমী।
কলম যদিও এখনও সর্বভুক।
মাঝে-মাঝে ঝরে যাওয়া পাতার কষ্ট দেখে খুব লোভ হয়-
কারণ ওরা অপরিচিত মুক্তিকে মুক্ত করতে পারে।
সিঁড়ির পর সিঁড়ি ভাঙি আর-
প্রত্যয় উপহাস হয়ে যায়।
জীবনের অমলকান্তি রোজ তেপান্তরে ঘুরে আসে।
আমি খানিকটা অস্পৃশ্য;
তবুও আমার চোখ নেই,
সেখানে দুটো পাথর আছে।
যার গন্ধে ফুটে ওঠে ইকেবানা।
সবাই তখন অন্ধ বলে আমায়।
যদি সমাজ পাখির চোখ হয়,
বিশ্বাস তবে পার্থ।
শুধু তিরগুলোর একরোখা হওয়া বাকি।
শেষের শেষে শুরু লেগে থাক,
ব্যর্থ হোক নিরুত্তর অতীত।

3. পুনর্জন্ম

চেনা আপ্তবাক্য আতর মাখে রোজ,
গন্ধ যদিও বড্ড একঘেয়ে,
বানান ভুলের তাগিদ কবেই যেন হারিয়ে গেছে,
আছে শুধু বোঝাপড়ার নেশা-
আর বাক্সভাঙা চিৎকার,
চৌষট্টি খোপে একজন প্রেমিক ছিল।
কবে যেন সেখানেও ধূসর কুয়াশা ছেয়ে গেল-
'ওটাকে Depression বলে কাকিমা
আপনি শুধু শুধু ভাবছেন'-
আসক্তিহীনতায় অতিশক্তি গায়ে
জ্বালা ধরায় বুঝি?
অবাধ্যতায় সকাল সন্ধ্যার ফারাক থাকে না।
ওখানে শুধুই বিদ্রোহ থাকে,
আর থাকে রক্তমাখা বৃষ্টি।
নৃশংসতায় কোমলতা খোঁজে সমাজ-
বক্তব্যে অশালীন ইশারা।
ওরা তো বেনামী,
কিন্তু ভোরের ফুল মিথ্যে হয় না।
ভালো থাকা স্বপ্নের আদলে তৈরি হয়।
আর নেশাতুর চোখ তাকে হারিয়ে ফেলে বারবার,
এবার না হয় বাঁচার জন্য মৃত্যুর মৃত্যু হোক।
আর মৃত্যুর পরই হোক পুনর্জন্ম।

4. আমার আলো

হঠাৎ একটা আলো এসে পড়ল চোখে-
একটা সাদা আলো,
অনেকগুলো বিচ্ছুরিত আলোর সমন্বয়।
বুঝলাম তুমি জেগে আছো।
এবার আলোটা মোমবাতিটা নিভিয়ে দিতে চাইল-
বুঝলাম তুমি সমাজের সাথে লড়াই করছ।
হঠাৎ আলো ঠিক আমার হাতটা ছুঁলো-
বুঝলাম তুমি সাহস দিয়ে যাচ্ছ অনবরত।
এরপর সেই আলো একটা লাল ফুলের ওপর পড়ল-
বুঝলাম এখনও তোমার রক্তে টগবগ করছে বিদ্রোহ।
তারপর আলোটা একটা দেওয়াল ঘড়ির ছায়া দেখাল-
বুঝলাম তুমি আজও স্রোতের বিপরীতে।
সাথে সাথে আলোটা একটা কাঁচের ওপর পড়ে বিচ্ছুরিত হল-
বুঝলাম তুমি সমন্বয়ে বিশ্বাসী।
এবার আলোটা হারিয়ে গেল মহাকাশে-
বুঝলাম তুমি আজও বাঁধন ভালোবাসো না।

5. বাঁশিওয়ালা

একটা সোজাসুজি আগ্নেয়গিরি দেখতে পেলাম–
কিন্তু আগ্নেয়গিরির মুখে আটকে ছিল একজন বাঁশিওয়ালা।
তার নিঃশ্বাসে কোনো চাওয়া-পাওয়ার হিসেব ছিল না,
শুধু ছিল অপরিমেয় বাঁশির সুর।
হয়তো সে রোদ্দুর না হয়ে মেঘ হতে চেয়েছিল,
তাই তার বাঁশির সুরে উঁকি দিয়েছিল মানবতার ধর্ম।
তার অমরত্বের কাছে হার স্বীকার করেছিল গণতন্ত্র,
পার্থক্য একটাই আমাদের পায়ের তলায় মাটি ছিল আর ওর–
পায়ের তলায় ছিল মহাকাশ।
অপরিণত সম্পর্ক সেই বাঁশিওয়ালার ভবিতব্য ছিল হয়তো,
সেকারণেই তার সূর্যের রং ধীরে ধীরে ধূসর হয়ে উঠছিল।
তবুও তার বাঁশি থামেনি–
সে আগ্নেয়গিরিকে ভালোবেসে ফেলেছিল।
সে চিনে ফেলেছিল তার মৃত্যুকে,
আজও চোখ বুজলে তার বাঁশি
তাই বৃষ্টি হয়ে ঝরে।

6. অযাচিত

একটা গুমোট বিকেল–
পড়ন্ত রাতের পিছু ধাওয়া করছিলাম।
হঠাৎ কি যেন মনে হলো,
নামহীনদের দলে নাম লেখালাম।
আদিম নক্ষত্রের মতো দিক দেখিয়েছি আমি,
বাবরের সেই প্রার্থনা সবার ধাঁতে নেই।
কেউ কেউ সত্যিই 'সত্যির' অযোগ্য–
চেনা পরিহাস আজ আর আমায় চেনে না।
মাঝে মাঝে বদলানোর অজুহাত খুঁজি।
কারণ আমি ইতিহাসে ছন্দপতন দেখেছি।
অভ্যাস বড়ো বেহায়া
তাই তাকে ফিরিয়ে দিই।
আমি জীবন সমর্পণ করেছি আরেকটা জীবন চেয়ে।
তুমিই বিচার করো আমি কি স্বার্থপর?
আমি তো পরিচয়ের লোভে বাঁচি না।
আমার ধর্মে কোনো রং নেই।
সেকারণেই হয়তো রাতের অন্ধকারে চুপিসারে আমার টুটি চেপে
ধরে।
মুখ বুজে সহ্য করি,
বুকের ভেতর কাঁটাতার নিয়ে ঘুরি না বলে ওদের আঁচড়ে
ধর্ষিতা হই বারংবার।
হয়তো একদিন মরে যাব,
কিন্তু এই মাটিকেই ভালোবাসবো।

শুধু ভালোবাসা ফেরৎ পাওয়ার আশা রাখবো না!

অনিতা রক্ষিত

শুধু ভালোবাসা ফেরৎ পাওয়ার আশা রাখবো না!

7. বাকিটা ব্যক্তিগত

আলোর কাজলে ছাই এর বাষ্প,
কিছুটা অপ্রত্যাশিত পাশে থাকার মতো।
আবারও হাওয়া খেয়ে হাওয়া হয়ে বাঁচতে চাওয়া,
বেহিসেবি তো ওরা বরাবরই,
আমিই বরং আমরা হতে চাই নিঃসংকোচে।
নির্ভরতায় আলুনি তরকারির আবদার।
বেহায়া আশকারায় ভালো থাক প্রেমিকের বিবরণ।
এক কথায় 'আলফাজ' ঠুনকো শোনায় বুঝি?
ব্যক্তিগত থাক শুকনো 'ইবাদত',
আব্রুতে প্রোথিত ছিল ভালো থাকার একরাশ চিনেবাদাম।
যারা চিনে ফেলেছিলো তাদের শহরে কি বরফ পড়ে?
'একাকিত্বের ফাঁদ' জীবনে অপরিহার্য–
কয়েকফোঁটা তোর্ষা পাতায় ধরে রেখেছিলাম,
আজ আবার চিবুক ধরে আসে,
বয়ে চলে ইচ্ছেরা–
এলোমেলো সন্ধ্যে পড়ে থাকে হারিয়ে যাওয়া সময় প্রাচীরে
আবরণে ছুঁয়ে থাক তলিয়ে যাওয়া অন্ধকার।

৪. সবার মতো

চেহারায় চরিত্র বদলায়,
নিঃশ্বাসে বদলায় শরীর।
ডাকঘর বসে থাকে অমোঘ আপোসে,
অমল বুঝি খোঁজ পেল পরীর?
আদলে আদবকায়দা বদলায়,
আশকারায় বদলায় উপশিরা।
অমলকান্তি রাত জেগে রয়,
হিসেব ছাড়াই রোদেরা দিশেহারা।
রূপকে ছায়া বদলায়,
রূপকথায় বদলায় স্বপ্ন,
শিরোনাম কল্পনা খুঁজে বেড়ায়,
প্রতিসরণে থাক অপরিবর্তন।
আলোর কাঁচে হাজার কাটাকুটি ছিল,
তবুও ওরা ভীতিহীন,
কারণ নদী নদীই হয় আর গাছেরা গাছ।
পরের জন্মে গাছের মতো প্রেমিক হই যদি,
আকাশের মতো প্রেমিক খুঁজে নেব।
মুখ বুজে চোখ জ্বলবে না আর,
সূর্য নতুন বিচ্ছুরণ ঘটাবে।
পাবো না জেনেও যে স্পর্শ তোলা আছে,
তাতে দু'মুঠো আগুন তোলা থাক।

৭. রূপকথা

আজ একবার অনামিকা হই চলো-
যেখানে রূপকথার আকাশ ছোঁবে,
আর আবহে অন্তহীনের অন্তর্যামীরা ধরা দেবে যখন,
গোপনে শিহরণ চোখ মেলবো।
একবার না হয় বৃষ্টি হলাম-
আর যদি চোখ জ্বালা করে,
ধোঁয়ায় মিশিয়ে দিও একমুঠো অচেনা মুহূর্ত।
একবার চল রামধনু হই-
তুমি আবদারে পা বাড়ালে আমি,
আগাধ জলে গা ভাসাবো,
আর যদি রং নিয়ে ছদ্মবেশী সাজতে ইচ্ছে হয়?
সাতরঙে সাদাই না হয় হলাম বারবার।
আরো একবার তারা হবো কেমন?
আলোয়-আলোয় আলোকবর্ষ ছাড়িয়ে যাব-
আর যদি কলঙ্কের ভয় পাও,
নিজেকে 'আমিতে' ভাসিয়ে দিও।
একবার না হয় প্রেম হবো-
যেখানে বাক্সবন্দী প্রাসাদ থাকবে না,
যেখানে একবার নয় বারবার প্রেমে পড়বে সবাই।
যেখানে 'আমি', 'তুমি' নয় 'আমরা' থাকবে-
আর যদি ভালোবাসো?
তবে না হয় মন্দবাসায় আত্মহত্যা কোরো।

১০. পরিণতির প্রতিচ্ছবি

চোখ ঝলসানো আবহ,
আহ্বানের জুড়ি মেলা দায়।
হৃদয়ের কার্নিশে অপরিচিত নম্রতা।
কিছুটা বাষ্পের মতো,
আদর্শ অপরিসীম।
চেনা চৌহদ্দি পার হয়ে যাই রোজ,
তবুও পরিণতি দুঃসাধ্য।
নিঃসঙ্গ আসবাব আগলে রাখে বিশ্বাস,
প্রতিটা নিঃশ্বাসে শ্রদ্ধার
পরের জন্মে গাছের মতো নিশাচর হবো হয়তো-
ও কাঁটাতারের হিসেব বোঝে না।
শুধু শ্রদ্ধা জরুরী,
সে স্বভাব খুঁজতে জানে।
তার বাক্সবন্দী ইচ্ছেরা নাম লেখাক ঢেউ এর দলে।
অনেক দূর পারি দেওয়া বাকি।
হাতের পাশে সাক্ষী থাক তার অবলম্বন,
ভালোবাসার অভ্যাসে খুঁজি আশা,
অনুভবের অবসরে থাক একরাশ ভালোবাসা।

11. কয়েকটা জীবন

একটা অনুতপ্ত শীতের রাত, পাশ কাটিয়ে যেতে চাইছে;
কিছুতেই বেঁচে উঠতে পারছি না।
ডুবে যাওয়া সস্তা জীবনের মতো দামি হয়তো
বুঝে ওঠার আগেই মরে যাচ্ছি
ভেজা শরীর অজানা জ্বরে আক্রান্ত,
কিন্তু মায়া কাটানোর উপায় নেই।
অপূর্ণ চাহিদা পূর্ণতা দাবি করতে করতে ক্লান্ত,
পাওনার হিসেব পথে গড়াগড়ি খায়।
কাঁচের ঘর ঘরছাড়া হওয়ার চেষ্টায় মত্ত,
স্থায়ী ঠিকানার অন্ত মেলা কঠিন।
অসহায় অজুহাত নতুন ভাষা তৈরি করতে পারে,
তবে অক্ষরগুলো নারাজ।
মুহূর্তদের প্রতিবিম্ব মুছে ফেলার আকাঙ্ক্ষা প্রবল,
আকাঙ্ক্ষা কখনও ভালোবাসা বিক্রি করে না।
ওপারের মেঘগুলো কথা রাখে ভীষণ,
কথার দাম শুধু বড্ড কম।
সত্যিরা আগে গান গাইত রোজ
এখন ওরা কফিনের পেরেক হয়ে গেছে।

12. পার্থিব

দূরে রাখা ক্ষেপণাস্ত্র চোখ মেলে ধরে বারবার,
বর্বর উত্তেজনায় উন্মাদনা ছুঁতে চায় শরীর।
পলাতক সন্ধ্যায় রক্তাক্ত আলো বিদায় নেয় রোজ,
এবারেও হেরে যাওয়া পুতুলের রোজনামচা একটাই-
চেনা গাম্ভীর্য কড়াইশুঁটির মতো নিজের শরীরের সামনে আয়না
ধরে
বেঁচে ফেরা খুব জটিল হয়তো,
তবুও আয়োজনে অবাধ্যতা গিলে ফেলে না পাওয়ার।
রাতের কলজে আলোতে অপ্রত্যাশিত।
যেভাবে ভৌতিক গল্পে নায়িকা বদলায়,
সেভাবেই ঘর বাঁধা চরিত্রের আদলে।
আদতে কাল্পনিক সবাই একটা দিনের শেষে,
ফিরতি পথে গন্ধ বেশি চেনা হয় বুঝি?
ঘর পালানো আবদার এক চিলতে সবুজে ঘর বাঁধে আবার,
আটকানো সন্ধ্যায় ব্যর্থ পুরোনো আঁচল।

13. অজানায় অনামিকা

আগুন যতটা বৃষ্টির কাছাকাছি,
ঠিক ততটাই তুমি আর আমি।
বাধ্যবাধকতা জটিলতার ভিড় ঠেলে বারবার।
অদ্ভুত আলস্য শরীরকে তাড়া করে বেড়ায়,
আর চোখের কোণে জমা হয় না পাওয়া বাষ্প।
অনামিকা ফিরে গেলে পুড়িয়ে ফেলা অত সহজ নয়।
কিছু অনুযোগে অভিযোগ আঁচড় কাটে
অভিমত আগল এড়ায়,
অভিনয় আসরে বসে,
অভিসার হাত বাড়ায়,
তবুও ফুরিয়ে যায় এক অবস্থার সাজানো তুরুপ।
বসন্তের ডাক আসে ঘুড়িদের পাড়া থেকে,
আমি আমাকে অন্তহীন গল্পের নায়িকার সাথে পরিচয় করাই–
যেভাবে এড়িয়ে যাওয়া সহজ উপায়,
সেভাবেই ফাঁকা পথে তৈরি হয় নতুন উপন্যাস।
আবার রূপক ধরা দেয় পথের মাঝে–
তবুও ভালো থাক ভালোবাসায়,
লুকোনো আলোয় রোদ ধরা দিক–
আর এক চিলতে নখের ডগায় আমি ভালো থাকি।

14. পুনরাবৃত্তি

রন্ধ্রে রন্ধ্রে অভিশাপ,
অনিশ্চিত প্রতিটা সকাল।
গন্ধ বেছে চলতে শেখা জরুরী,
কারণ নিঃশ্বাসটুকুই শুধু পরিমিত নয়,
আপেক্ষিকতাও পরিমিত,
পরজীবিতায় দোষ নেই।
চেনা বারান্দা ইতিহাসে বরাবরই বেইমান,
তারায় ভর্তি ব্যর্থতা,
আবিষ্কার মুখ লুকিয়ে চলে,
স্বীকারোক্তি সফলতার শেষ সীমানায় ছদ্মবেশী।
হঠাৎ দুপুরে সবাই এক হবে।
সন্ধ্যেরা মিছিলে সামিল হবে।
শুধু স্পর্শ থাকবে,
ওই ফিঙেটা মিথ্যে বলবে না।
জীবনে কবিতা নেমে আসবে।
আদল বিনিময় হবে।
মুখোশ হারিয়ে যাবে সব,
শুধু দূরত্ব অদৃশ্য।
সবাই ফিরে আসবে আবার আগের মতো।

15. নতুনত্বের আধার

আজকাল দাবি আর আকাঙ্ক্ষার পার্থক্য বুঝি না,
মনে হয় বয়স বাড়ছে।
শুধুই কি দাফন হওয়ার অপেক্ষা?
সম্বল বলতে ওই কঙ্কালসার চোখ।
একতারাটা ক্লান্ত শরীর নিয়ে তাকিয়ে থাকে,
হঠাৎ করে মাদল বেজে ওঠে,
আঁকড়ে ধরার অবলম্বন পাই না।
অনুরোধের অবকাশে পড়ে থাকে অভ্যাস,
যেভাবে নৌকা চলে যায়,
সেভাবেই নদীর মধ্যগতিকে রপ্ত করতে চাই।
প্রত্যেকটা উপশিরাকে ছুঁয়ে যাই রোজ-
কিন্তু কার্নিশটা ফাঁকাই রয়ে যায়,
একফালি চাঁদ যদি অপরাধী হয়।
তবে কি আমি মৃত্যুদণও খুঁজে চলেছি?
পরের জন্মে ধ্রুবতারা হবো।
শুধু একতরফা ভালবাসবো,
হৃদয়ে থাক অসীম অন্তর-
ব্যর্থতার বিনীত উপহাস শুনবো না,
চলো আজ আকাশ ছুঁয়ে আসি-
আমি অকৃত্রিমতা চাইবো।
আর তুমি চাইবে স্নিগ্ধতা,
পারলে ধরা দিও
নতুনত্বের আধারে।

16. সম্পর্ক

একটা ডুবে যাওয়া বিস্কুটের গায়ে আলপনা আঁকতে গিয়ে
ফেরার হতে চেয়েছিলাম,
তবে এটা সত্যি জানতাম না যে আকাশের দিকে তাকিয়ে
ম্যাথামেটিক্স হয় না।
অবশ্য কথা অনেকটা এরকম ছিল যে আমি যাযাবর হলে
তুমি হবে নদী।
কোথাও একটা অগভীর ছদ্মবেশে লুকিয়ে ছিল মরে যাওয়ার
বিষাক্ত নেশা।
তির্যক অনুভূতিরা ঘুরপাক খেত সেই একঘেয়ে চৌষট্টি খোপ
জুড়ে-
বিদেশী নিঃশ্বাস প্রতিবেশীদের গিলে খেতে চায়- হাত ফসকে
পালানো আলিঙ্গনকে একমুঠো ছায়ায় পরিণত করাটা তোমার
স্বভাব।
আর আমার স্বভাব হলো নির্বাক প্রেম।
গায়ে বুঝি অভিমানের জ্বর?
আমি তো পরিণতিহীন মৃত্যুতে অভ্যস্ত।
বাতাসকে বোধহয় আমার মতো ইনসোমনিকরা কোনোকালেই
বুঝতে পারে না।
স্বপ্নের গায়ে স্বপ্নের আঘাতে স্বপ্ন এখন ক্ষত বিক্ষত,
জটিলতারা আপেক্ষিকতাকে হয়তো মেনে চলে না, ওরা
অনেকটা বরফের পাতের মতো যারা ভাঙার- পর জোড়ার
জন্য কোনো অজুহাত

খোঁজে না, আহত বিশ্বাস আর বহুরূপী অনুভব একসাথে ঘর
করতে পারে না।
বেহায়া কপালচুম্বী টিপ শেষ পর্যন্ত মুক্তি দিয়েই দিলো।
আমি বেহাগ আর ভৈরবী গায়ে মাখি না,
সে হয়তো নতুন অভ্যাস কিনে আনে রোজ।
আজ শরীরটাকে ভিজিয়ে দিয়েছে অশরীরী তিয়াসা,
যার প্রতিটা ফোঁটায় হয়তো 'সম্পর্ক' লেগে ছিল।

17. যেভাবে ভালোবাসি

যদি তুমি আলস্য গায়ে মাখো,
তবে আমি দুপুর বেলার উচ্ছিষ্টে মুখ গুঁজি।
যদি তুমি ডাকপিওন সাথে রাখো,
তবে আমি ক্লান্ত ভিড়ে অমলকান্তিকে খুঁজি।
যদি তুমি শূন্য ভাগে ভাগ করো,
তবে আমি ঘর বাঁধতে হিসেবে ভুল করি।
যদি তুমি আগুন গুলে হৃদয় গড়ো,
তবে আমি নতুন করে তোমার প্রেমেই পড়ি।
যদি তুমি ইশারা হয়ে ভেসেই যাও চলে,
তবে আমি নৈরাশ্যে হারাবো বলেই আসি।
যদি তুমি আরশি পাড়ার পড়শিকে যাও বলে,
তবে আমি একলা রাতে আবার ভালোবাসি।

১৪. অন্য বসন্ত

ভালো থাকার মসৃণতা বড্ড আপেক্ষিক,
চেনা তাৎপর্য মুখোশ এড়ায় বন্ধুহীনতায়।
একলা রাত সঙ্গী করে একলা বৃষ্টির ফোঁটাকে,
রোদের দিনে চোখ ধরে না আর–
মরে গিয়েও মরে না মাঝরাতের বেহালা।
মুহূর্তে মৃত্যুমুখী হয়ে উঠি আমি,
আবাধ্যতার ভাতঘুম তোলা রইল আশকারার করিডোরে।
একটা কালচে নীলে কোথায় যেন বিলীন তুমি,
কোথাও একটা তুমিহীন আবদার।
আলগোছে আলফাজ সাজানো আর হয় না–
চোখে অসহ্য জলরাশির উন্মত্ততা,
মানুষের সমুদ্রে গা ভাসানো নাবিকও
আজ ৬৪ খোপে নিজেকে চায়।
দিনের শেষে গা সওয়া চিৎকারটা খুব জরুরী।
মসৃণতায় মধ্যবিত্ত যে সবাই,
মিথোজীবী সত্তায় মরচে ধরে রোজ।
তবুও নতুন পাতায় ফুল ছুঁয়ে যাক–
আর রাতের শেষে ধরা দিক–
অন্য বসন্ত।

19. জন্মাষ্টমী

ক্লান্ত বিকেলের রেখা দেখেছিলাম অনেক আগে,
তখন শহরে বরফ পড়ত।
সব কটা কাঁটাতার ঢেকে যেত ভালোবাসায়।
একটু একটু করে গড়িয়ে পড়তো মীরার নিজস্ব সুর,
এক ফালি রোদ উঁকি দিতো নিঃস্ব শরীরে,
ওরা বলেছিলো ভালোবাসার বয়স হয় না।
কিন্তু সবাই থেমে থাকে,
আর দোষ হয় ঘড়ির কাঁটার।
রাধারানীর নিষ্পাপ বিশ্বাস হারিয়ে যায়।
আমি পাশের বাড়ির কাসর ঘন্টা শুনতে পাই,
তবুও তার উত্তর আসে না–
ভুলে যাই।
কে যেন বললো আজ জন্মাষ্টমী!

20. নাম

আজ তোমার নাম দিলাম 'ধর্ম'
দেখি এক জীবনে কতবার ধারণ করো!
আজ তোমার নাম দিলাম 'অভিশাপ'
দেখি এক জীবনে কতরকম পাপের ছোঁয়া পাও!
আজ তোমার নাম দিলাম 'বিদ্যুৎ'
দেখি এক জীবনে কতটা আঁতকে উঠতে পারো!
আজ তোমার নাম দিলাম 'ইতিহাস'
দেখি এক জীবনে কতখানি মাটি আঁকড়ে নাও!
আজ তোমার নাম দিলাম 'ঐতিহ্য'
দেখি এক জীবনে কতভাবে ছুটতে চাও!
আজ তোমার নাম দিলাম 'ধ্রুবতারা'
দেখি এক জীবনে কতজনকে ভালোবেসে যাও!
আজ তোমার নাম দিলাম 'বিদায়'
দেখি এক জীবনে কতগুলো রং হারিয়ে যায়!
আজ তোমার নাম দিলাম 'ক্লান্তি'
দেখি এক জীবনে কতটুকু বিশ্রাম নিতে হয়!
আজ তোমার নাম দিলাম 'অধিকার'
দেখি এক জীবনে কত গুণ আমাকে দরকার!

21. বন্ধু

চৌষট্টি খোপের চৌহদ্দি পেরোলেই রূপকথার দেশ,
একরাশ খুনসুটি আর আলোর ক্যানভাস।
ছুটতে ছুটতে যখন তুমি তেপান্তরের মাঠে পৌঁছবে–
দেখবে একটা ছোট্ট ঘরে হরেক রকম রং।
নীল ছুঁলেই যে গন্ধ পাবে তাতে আছে 'সোনার টিয়া'।
তার পেছনে হলুদ ছুঁলে সাড়া দেবে 'কানামাছি'।
মধ্যিখানের মধ্যমণি গোলাপ জানাবে 'ছোঁয়াছুঁয়ি'।
আর সাদা ছড়াবে একসাথে কাটানো সুখগুলোর সুগন্ধ–
লালের মাঝে খুঁজে পাবে সবরকম প্রতিশ্রুতি।
বেগুনি দেবে আশকারাগুলোকে নতুন প্রশ্রয়।
তারপর কালো স্ক্রিনে সবাই থাকবে।
তুমি থাকবে, আমি থাকবো, ও থাকবে
শুধু থাকবে না সেই গন্ধগুলো–
স্বপ্নগুলো ভেসে যাবে আস্তে আস্তে,
বিনিদ্র রাত ডাকে যদি শুধু,
সেই ঘর খুললেই ধরা দেবে 'বন্ধু'।

২২. যথারীতি অপ্রকাশিত

তোমার নিঃশ্বাস যতটা আগ্রাসী করে তোলে আমায়,
আমি ততটা নির্লিপ্ত নই।
সময় হৃদয়ের ব্যস্তানুপাতিক।
তাই পুড়ে যাচ্ছি প্রতি মুহূর্তে,
কারা যেন ডানা মেলে ধরে,
আমি অসময়ী বৃষ্টিতে বিশ্বাসী।
বিশ্বাস করো—
আমি অসহায় নই।
আলগোছে ডিঙোনো এতো সহজ না,
তবুও আমি চেষ্টা করি,
মাঝরাতে অতৃপ্ত অনুবাদ বেঁচে ওঠে।
নিঃশব্দে আমি জিতে যাই,
গোপনে জয়ী হয় অভিসারী চৌষট্টি খোপ।

23. সিরাজ

কাল রাত থেকে সে হত্যাকারী হয়ে উঠেছে,
একের পর এক স্বপ্নগুলোকে খুন করে চলেছে।
রক্তে হাত লাল হওয়ার ভয় অবশ্য এ ক্ষেত্রে নেই।
শরীর জুড়ে তার শুধুই এক শালিকের হাহাকার।
হারানোর ভয় থাকলে বোধহয় মরে যাওয়া যায় না,
সবাই শুধু পরিবর্তন চায়।
আসল ক্ষোভটা তার মেহেরুন্নেসার মতো,
সতর্ক লুৎফা যার বোঝা বয়ে এসেছে চিরকাল।
পলাশীর তৃপ্তি তো শুধুই রক্তে।
কেউ সেই রক্তে নিজে ভেসে যায়,
কেউবা সেই রক্তে ধর্মের নৌকা ভাসায়।
স্বপ্ন শুধু শওকত দেখেনি,
স্বপ্ন দেখে অনেকেই।
শুধু হত্যাকারী বেঁচে থাকে নির্ভয়ে,
জীবনের দ্বৈত সত্তা যখন মাঝরাতে
জিজ্ঞেস করে, 'প্রত্যয় কোথায়?'
মৃত্যুভয় নিঃশব্দে চিৎকার করে যায় তখন,
একবার না বারবার মরেছে সে।
শুধু ভালোবেসে ছিল বলে।
তবুও সে নিষ্পাপ নয় কিন্তু ফুলের মতো।
সে এখন স্বপ্ন খুঁজে বেড়ায়,
মাঝরাতে তাকে চিনে ফেললো
তার কষ্ট ছুঁয়ো না কারণ সে হত্যাকারী।

24. আবরণ

রাত-জাগা অভিষেক আগুন পোহায়,
একমুখী শব্দ প্রবাহ হাত পোড়ায় নিয়মিত,
পাপের বোঝা অপসারী।
অজানা শুধু পুণ্যের খোঁজ।
চোখের নিমেষে ব্যর্থ হয় আবেদন,
তবুও হারতে নারাজ।
কীসের এতো তাড়া কেউ জানে না,
শুধু জানে ইতিহাস সাক্ষী থাকে না কখনো,
মনে মনে স্নিগ্ধতার মশাল জ্বলে।
প্রমাণ কী আদল ঢাকতে পারে?
ভেতরের দিকে চুপিসারে গ্রহণ সম্পন্ন হয়।
কবরই শুধু ইতি নয়,
এপিটাফের প্রতিটা ইটে গাঁথা থাকে স্বপ্ন।
আমরা সবাই হারি,
পাপ-পুণ্যের খেলায়,
কিন্তু সবাই জিতবে ঠিক,
ভোর মিশে যাবে শীতের রেখায়।

25. বেকার

ঘাসের গন্ধ মেখে মাতাল হতে চাওয়া পরিযায়ী,
শীতের আঁধারে গুমরে মরেছে অনেকদিন।
সে জানে না কোনটা সভ্যতার শেষ সীমা,
সে বোঝে না কোনটা অপরিণত অবকাশ,
সে কখনও মেঘেদের মুক্তিযুদ্ধে সামিল হয় না।
সে আয়নাকে ভয় না পাওয়া একটা আত্মা চায়
তার কখনও ঘুম আসে না।
কিন্তু তার স্বপ্নে রঙিন মেঘ ঘুরে বেড়ায়,
অনেকদিন সে খাঁচা থেকে পৃথিবী দেখে না–
সে ভাবে সে এখন মুক্ত।
কিন্তু সে জানেই না বন্দী হলে মুক্তির মাত্রা অনেক কঠিন
হয়ে যায়।
সে নিয়ম মেনে নীল রঙে ডুব দেয় রোজ,
তার জীবনে ভালোবাসা অধরা।
তবুও সে খাঁচা ভালোবাসে,
কারণ তার গল্পে কোনো ব্যস্ততা নেই,
শুধু আছে অলস দুপুরের গন্ধ।
সে বলতে চায় অনেক কিছু–
কিন্তু তার কণ্ঠস্বর এখন অভিশপ্ত।
সবাই তার থেকে নিজেকে বাঁচিয়ে চলে,
সাবধান– তাকে চেনা সত্যিই বড়ো দায়।

26. বন্ধন

শৃঙ্খল যখন মুষ্টি ছাড়িয়ে যায়-
পরিবেশে একটাই গন্ধ- 'পরিচয় অর্থহীন'
চেনা পৃথিবী অচেনা হয়তো আবার,
প্রস্তুতি চাই সমঝোতা নয়।
শিক্ষা চাই ভিক্ষা নয়।
রাতের পর রাত যাচ্ছে তবুও অন্ধকারে ডুবে-
আসন্ন আগুন অনেক বেশি ছোঁয়াচে,
নিয়ন্ত্রণে ভরসা দরকার।
বদ্ধ থেকেও ঐক্যবদ্ধ নিঃশ্বাস,
সাম্য আজকে কাঠগড়াকে ছাড়িয়েছে।
অস্তিত্ব বড়ই সন্দিহান,
বিশ্বাসে আজ গেঁথে থাকুক।
অপরিচিত শত্রুতা ভালোবাসায় হার মানুক।

27. একান্তে নির্বাসিত

আমার সম্পত্তি বলতে পেন্সিলের ডগায় আঁকা একটা রাজমহল।
যার প্রতিটা দরজা শুধু আমার জন্য খোলে।
দিনের শেষে একটা 'আমি' খুব প্রয়োজন,
ক্লান্তির অবরোধ শরীরকে আরো বেশি স্নিগ্ধ করে তোলে।
আমার স্বপ্নে রোজ রাতে মরুভূমির বালি রঙিন হয়ে ওঠে।
আর অস্পষ্ট সম্পর্ক ফণা তুলে এগিয়ে আসে ক্রমশ।
মনের প্রত্যেকটা অলিগলিতে শুধুই স্বার্থের জীবাশ্ম,
রোজ রাতের ঘুমপাড়ানি বিশ্বাস কানে কানে বলে, 'বেঁচে ওঠো
এবার'।
আমি নির্লজ্জের মতো মরে যাই বারবার,
সেতারের প্রত্যেকটা তার ছিঁড়ে যায়।
সেই তারে বিদ্ধ হয় আমার প্রত্যেকটা বিশ্বাস।
কেউ বলেছিল, 'ধর্ম আর জিরাফ বিপরীত মাত্রার এক রাশি'-
তাই আমি আজন্ম নিরামিশাষী।
আমার রাত কাটে ভাঙাচোরা ল্যাম্পপোস্টের ব্যাথার গন্ধে,
ওরাই শুধু 'বিদায়' শব্দটিতে বিশ্বাস করে না।

24. যে অতীত ক্ষত সামলায়

আজ ভীষণ রকম অনিশ্চয়তা ভর করেছে চোখের প্রতিটা পাতায়,
দৃষ্টি রেখায় শুধুই অচেনা সংকেত।
ইতিহাসের ভোলবদলের সময় আসন্ন।
বুকের প্রতিটা পাঁজরে খোদাই করা অপরিচিত ডাকনাম,
আমি আজীবন মৃত্যুকে ভয় পেয়ে এসেছি।
নতুন সৃষ্টির ব্যাখ্যায় আমি নিঃস্ব হই বারবার,
প্রতিটা চুম্বকের আকর্ষণ ব্যর্থতার শিকার,
অজানা চিরকাল অস্পৃশ্যই থাকে।
শুধু বুক চিরে দেয় ছদ্মবেশী সান্ত্বনা,
একবার রক্তের সাথে বরফ গুলিয়ে লাল হতে চেয়েছিলাম–
পারিনি। মানবতা পথ আটকে দাঁড়িয়েছিল।
অবহেলা ভাঙা কাঁচের টুকরোগুলোর মতো
সবসময় চুপ করে থাকে,
শুধু এগিয়ে গেলে রক্তারক্তি ঘটায়।
হৃদয়ের ক্যাম্পাস সবকিছুকে কেমন যেন শুনশান করে রেখেছে,
তবুও আমি মেঘ দেখি–
ছুঁতে চাই পথে পড়ে থাকা শুকনো পাতাকে,
কারণ সবাই এখন আদতে অন্ধ।

29. চাওয়া-পাওয়া

আমায় কয়েক মুঠো সাহস দাও,
সেই সাহস আমাকে নির্জনতায় আলো জ্বালতে শেখাবে।
আমায় কয়েক মুঠো অনুভুতি দাও,
যেই অনুভূতিরা আমাকে বুক চেরা বন্যা চেনাবে।
আমায় বরং কয়েক মুঠো আবেগ দাও,
যারা আমাকে মৃত্যুর শীর্ষ থেকে ঘুড়ি ওড়াতে নিয়ে যাবে।
পারলে আমায় দু'মুঠো অবকাশ দাও,
যারা চিনেবাদামের খোসাদের অজ্ঞাতবাস বোঝাবে।
আমায় দু'মুঠো অন্তরাল দাও,
যারা আমাকে চুপি চুপি অন্ধকারের সাথে মিশিয়ে দেবে।
আমায় দু'মুঠো মাঝরাত দাও,
যারা আমায় তারা গুনতে বাধা দেবে না।
আমায় পারলে দু'মুঠো সত্যি দিও,
যারা আমাকে তোমার মুখোমুখি দাঁড় করাবে।
আমায় শুধু শক্তি দিও না-
তাহলেই আমার চঞ্চলতা উঠে যাবে।
ভালোবাসলে আগুন দিও,
একসাথে পুড়বো তখন।

30. জীবনচক্র

আধপোড়া রুটির আত্মত্যাগ অপরিণত ঘা এর মতো,
অধিকার বোধটাই সব নয়-জীবনের অঙ্গীকার।
কলমের ডগায় আজ ঠোঁটেরা পাহারাদার,
উপড়ানো গাছ জানে সংসারের মায়ার ছলনা,
বিন্দু যেদিন সিন্ধু হয় সেদিন দেহটাকেও লবণাক্ত হতে হয়,
দাবার চালে সৈন্য এগোল তবুও রাজার দারুণ ভয়।
পোড়া ভাতের গন্ধে রাজার পরাজয় ঘোষিত হয়,
লড়াই রাস্তার চেয়ে অনেক মসৃণ।
শুধু পার্থক্য বলতে দু'পক্ষের কেউই জয়ী হয় না।
আমি বারবার জাতিস্মর হই।
রাজার দেহাবশেষ থেকে তৈরি হয় অমৃতের খনি,
কিন্তু সবাই কি আর রানি মৌমাছি হয়?
অমৃতের অধিকার ব্যর্থতায় পর্যবসিত হয়,
আর আমি আরো একবার মিথ্যে ভবিষ্যৎবাণী শোনাই,
এটাই হয়তো জীবনচক্র।

31. হিসেবের ক্ষতিপূরণ

সাজানো ডাল-ভাতে যেভাবে জীবন রুচি বদলায়,
ঠিক সেভাবেই গণিতের হিসেব গড়মিল লুকিয়ে যায়।
অপ্রয়োজনীয় ভাবাবেগ রন্ধ্রে-রন্ধ্রে বিষ ঢালে,
আমি হা-ভাতের মতো রবীন্দ্রনাথ কুড়িয়ে চলি।
ইতিহাস বলে-অতীতের অন্ধকারে কাজল পড়া যায় না,
আমি বরাবরই হিসেব কম বুঝি।
সেদিন মাঝরাতে দরজা কেঁপে উঠল,
দরজা খুলতেই দেখি মরে যাওয়া ইচ্ছেগুলো ভিড় করেছে,
না! আমি ওদের ঢুকতে দিই নি।
আমি জানি আমার ভেতরের ‘আমি’ কখনও ওদের মানবে
না।
তাই আমি দরজা বন্ধ করেই রইলাম,
শুধু ভয় একটাই-
ওরা যদি আমার প্রাণভ্রমরার সন্ধান পেয়ে যায়!
আমি মৃত্যুর চেয়েও বেশি জীবন ভয়পাই,
রাতের পর রাত জেগে থাকি।
শুধু নিজেকে পাওয়ার জন্য।
জানি না আর কতটা নিঃশ্বাস গুনতে হবে,
সত্যের মাশুল মিথ্যের ঘাড়ে চাপিয়ে আর কতদিন?
এবার ছন্দপতন ঘটুক-
চলো একদান ভালোবাসা-বাসি খেলি।

32. অভিশপ্ত যারা

হৃদয়ের কফিন বরফের চেয়েও শীতল হয়ে উঠছে,
জংধরা পেরেকগুলো অপসারী বিবর্তনের সাক্ষী।
অন্তিম অসুখ চোখে অধরা,
আরেকটা ক্ষত সামলে উঠতে হবে,
রাতেরা আর কতকাল পাহারায় থাকবে?
অশরীরী ঘুণ পোকা থাবার খোঁজে নির্দ্বিধায়।
দিনের শেষে হার নিশ্চিত।
ওরা কুকুরের গ্রাস কেড়ে নিতে পারে।
সবাই মানে শুধু সমাজ পারে না।
একরোখা দাবি সবার থাকে,
শুধু পূর্ণতার সুখ জোটে না।
আটপৌরে সভ্যতা আধুনিকতাকে খরিদ করতে ভয় পায়,
রসাতলে যাওয়া ইচ্ছেগুলো জানে নিভে যাওয়া প্রদীপের কষ্ট।
আত্মসম্মান কড়া নাড়ে রোজ,
আধপোড়া রুটি আবার মুখ ফিরিয়ে নেয়,
মনের ভেতরে কে যেন কাঁটাতার ফেলে রেখে গেছে।
দিনের শেষে সবার আঘাতে ঘুমন্ত ফুটপাতই প্রলেপ লাগায়।
তবুও ঘৃণা ভর্তি বাক্স খুলবে না কোনদিন,
কারণ রাত জানে
অধিকারের বিকল্প কখনও আলো হতে পারে না।

৩৩. গল্পের মতো

তির্যক অভিনবত্ব একলা দুপুরের মতো,
যার অপেক্ষা শুধু শীতেরা করে,
চন্দ্রকলার হিসেব রাখা এখন দন্ডনীয় অপরাধ,
পাছে কেউ পাগল বলে!
তবে ভালোবাসতে আপত্তি নেই।
শুধু নিজের ক্ষতে প্রলেপ লাগানো যাবে না,
কেউ কি আর জেনে বুঝে পাপের ভাগীদার হয়?
রইলো বাকি পুণ্যের কথা-
সে বড্ড জংধরা লোহার টুকরোর মতো,
যদিও বা বিশ্বাস আছে,
কিন্তু ভরসায় বড্ড অবহেলা।
রোজ রাতে ছেলেটা তারা গোনে,
খুব নিষ্পাপ!
একটা করে তারা ওর পাতের খাবার হয় রোজ।
এরকম অসংখ্য তারা খিদে মেটায় বারবার।
কারণ তারাদের ক্লান্তি নেই,
ওরা অসীম দুঃখ ভাগ করে নেয় মুখ বুজে
কিন্তু অপেক্ষা!
কেউ কেউ বাঁচে রোজ হারানোর খোঁজে,
মুখগুলো মুখোশের আড়ালে মুখ সাজে,
আর আমরা ভাবি মেকি সিলুহেট!

34. যদি বলো ভালোবাসো

তোমার কলমে বিপ্লবের বঞ্চনা।
শিরায় শিরায় বয়ে যায় রুদ্ধশ্বাস,
মুখ চেপে অনুভূতিরা বলে 'তুমি নির্মোহী'।
মিথ্যা অহংকার মেখে নিই শরীরে,
জানি না কীসের এত গাম্ভীর্য?
যা হিমালয়ের সাদার চেয়েও শান্ত।
চোখের গায়ে সূর্যের মতো রং,
মাঝে-মাঝে পুড়ে যাই ভালোবাসায়।
প্রেম খোঁজার অবকাশটাই কম,
আমি মৃত্যু বুঝিনি-
কিন্তু তোমায় বুঝেছি।
আমি মিথ্যা খুঁজিনি-
কিন্তু তোমায় রেখেছি।
গোলাপ গাছে কাঁটাও শোভা পায়,
সাবধানতা আড়াল থেকে খোঁজ নিয়ে যায় ঠিক।
রক্তারক্তি হলেও হতে পারে,
যদি তোমায় ভাবি রোজ-
একটা সেতার রন্ধ্রে রন্ধ্রে গন্ধ ছড়িয়ে দেয়।
কেন করলে বলো তো এরকম?
তোমার জন্য হংসধ্বনি হঠাৎ বেজে ওঠে-
ক্লান্তিগুলো জলেতে দেয় ডুব।
আমি শুধুই ভালোবাসি,
বাকিরা নিশ্চুপ।

35. চকমকি চিরকুট

যে শব্দগুলো চরিত্রহীন–
একটা দিন তাদের নামে তোলা থাক।
সেদিনটায় আমরা বরং নক্ষত্র খুঁজবো,
এক আঁজলা ঔজ্জ্বল্য মেখে নেব গায়ে।
শান্ত কোনো এক বিকেলে–
ঝরা পাতারা গান ধরবে বিলক্ষণ,
আমরা আবার হারাবো।
বুঝবে তুমি শব্দগুলো নির্দয় ভীষণ,
একরত্তি জীবনে আলোর চোখ বেঁধে দিতে জানে,
শুধু জানে না ওপাশ ফিরে শুতে।
মনে মনে ওরা ভাবে–
আমার হয়তো কবির অসুখ
কিন্তু অবুঝ অন্ধকার অপেক্ষা থামায় না
আমরা আবার বিদ্যুতের ঝলকানি দেখি
আমরা কি শুধুই 'আমরা'?
'তোমরা' কি 'আমরা' নও?
একটা চোখের পলকে আমি অর্জুনের প্রেমে পড়ি
আমি বিশ্বাস করতে শিখি যে
ভালোবাসার মাত্রা অসীম
আর এও বুঝি যে রাতের শুরুতে
খুঁজতে যাওয়া নক্ষত্র ডুবে গেছে অনেক আগে
চলো এবার পথিক হই।

36. যারা অশরীরী

একটা কলঙ্ক কেমন যেন পেয়ে বসেছে,
দিন-দিন অনেক বেশি ছোঁয়াচে হয়ে উঠছি।
শিকড় আলগা হলে যা হয় আর কি!
পুরনো সব বস্তাপচা আবেগ ফেলে এসেছি
এখন অবশ্য রক্তের গায়ে বিশ্বায়নের গন্ধ লেগে আছে
প্রশ্ন একটাই-
ভুলটা কার?
অতীত না বর্তমানের?
বারবার হোঁচট খাই;
অস্তিত্বের সংকট মাথা চাড়া দেয়।
একলব্য হতে চাওয়া অপরাধ নয়
পায়ে কাঁটা ফুটেছিল একবার
তখন বুঝেছিলাম রক্তপাতের যন্ত্রণা
লড়াইটা বড্ড কঠিন
নিঃশ্বাসের ঝোঁকে যার অবস্থান হারায়
তার আবার মৃত্যুভয় কীসের?
একটা গোলাপ রইলো
পারলে কাঁটাতারে রেখে এসো...

37. যে অজানা

সাতরঙা চৌহদ্দি পেরোয় না সে কোনদিন,
তার একতারাতে রাধার অভিমান,
সে রঙিন ছবি কালো রঙে ডোবায়,
তার অভিমানে অভিসারের ছাই,
টুকরো আলো সে যত্ন করে রাখে,
তার আঁধার আশে জোনাকিরা ভাসে।
সে তখন নতুন গল্প খোঁজে,
সময় শুধু বিরোধিতা করে।
নিঃস্তব্ধতা অজুহাত চায় রোজ,
তার বড্ড নিঃসঙ্গতা তবুও,
সে বেহিসেবি আজ।
অসম্পূর্ণ মনের আটপৌরে কাহিনী,
নিশির ডাকে সে রতির মায়া ছাড়েনি,
আবেগগুলো খামখেয়ালকে বোঝে,
তার হিংসেগুলো মরে না সহজে।
আমি এখন তার প্রেমে মত্ত,
আমার মনের দলিলে একপেশে সব শর্ত,
স্বপ্নগুলো অদ্ভুতুরে মানি,
তবুও আমি ভালোবাসতে জানি।

৩৪. ধর্ষিতা

চারপাশটা বড্ড অচেনা,
অজানাদের ভিড়ে বড্ড একলা হয়ে পড়ি।
আজ রোদের গুলদস্তা পেলাম,
ভাবিনি এরকমটাও হতে পারতো কিনা।
শুধু ভেবেছি বাস্তব কতটা নির্ঠুর,
যে মুহূর্তে আমাকে 'আমার' থেকে ছিনিয়ে নেওয়া হল–
আমি চিৎকার করেছি,
ছুটে বেড়িয়েছি এদিক থেকে ওদিক,
অন্ধকারে পথ হাতড়েছি–
কিন্তু আমার জন্য কোনো দরজা খোলেনি।
জানলাগুলো প্রবল ভাবে ঝড় চেয়েছিল,
কিন্তু তাদের চোখগুলো বাঁধা ছিল।
যখন চোখ খুললো–
তখন আমি বদলে গেছি।
শিরদাঁড়া দান করেছি মানবতাকে
প্রতিটি রসনারন্ধ্র দিয়েছি–
আমার রক্ত মোছার জন্য।
দিনের শেষে তুমি রাজপালঙ্কে থাকো,
আমি ক্ষেতের ধারে মোমবাতি খুঁজি।
তার আলোর চেয়ে কয়েকগুণ বেশি,
তেজ আমার শরীর থেকে নিংড়ে নিল যেভাবে–
সেভাবেই ছোঁয়াছুঁয়ি খেলি।
বলো রাষ্ট্র 'আমার কি অপরাধ?'

আমার রক্তে নাকি দলিতের গন্ধ মিশে আছে।

৩৯. যতটা প্রয়োজন

হারানোর তালিকা আমার নিজের,
কিন্তু গল্পগুলো নিজের না
কি অদ্ভূত না?
হ্যাঁ, আমিও অবাক হয়েছিলাম,
তবে অপেক্ষা আটকেছিল আমায়।
কলমের কালি অবশ্য বিদ্রোহ করেনি–
জীবন হয়তো সবচেয়ে বেশি
অসহনীয় হয়ে ওঠে–
আপেক্ষিকতার সন্মুখীন হলে।
অসহায় প্রশ্নেরা শুধু মনের ভেতর দাগ কাটে–
অধিকার বোধ বরাবরই বিদ্রোহী,
যেই দিনগুলোতে–
তারারা জ্বলতে-জ্বলতে আত্মহত্যা করে,
সারা শরীর ছটফট করে,
হয়তো কেউ নতুন করে বাঁচতে চায়,
ব্যথার নেশায় ডুবেছে যারা,
যারা জানে ক্ষতর গভীরতা।
তারাই হয়তো পরের জন্মে যুধিষ্ঠির হয়।
চোখের নীচে জমে থাকা অন্ধকার জানে,
তালা বন্ধ করলে তার চাবি–
একদিন ঠিক ধরা দেবে,
শুধু পড়ে থাকে
না শোনা গল্পগুলো।

40. পোস্টমর্টেম

যেভাবে একঘেয়ে লাশের সারি
তিক্ততার ঘুম কেড়ে নেয়,
সেভাবেই আলগোছে সরে আসে অশরীরী পাপ।
অক্ষত জলোচ্ছ্বাস জীবনের অন্তিম কেন্দ্রবিন্দু।
অবাঞ্ছিত ভালোলাগা গিলোটিনের অপেক্ষায়,
কেউ কেউ আলগা হতে চায় খুব।
অপরিণত ভুলের মাশুল কে গুনবে আজ?
অভিমানের পোস্টমর্টেমে নিছক ফিরে আসা কি ফুটে উঠবে
না?
ওরা জানে আত্মঘাতী হওয়ার মানে,
কিন্তু ব্যর্থ সমীক্ষা।
রং তুলিরা পরিবার থেকে লুকিয়ে রাখে সব,
আত্মদর্পণ কি এতটাই অসহায়?
প্রশ্নেরা আর হয়তো উত্তরের মুখাপেক্ষী নয়,
ওরাও বাঁচতে চেয়েছিল শুধু মিথ্যেবাদী হয়ে।

41. যেটুকু সত্যি

ভাঙাচোরা প্রতিশোধ মুখ ফিরিয়ে চলে যায়,
আত্মদংশন তাড়া করে বেড়ায়।
অগোচরে ঘর ভেঙে যায় অনেকটা সাপের মতো,
চুম্বনে ধরা দেয় একঘেয়ে নিঃশ্বাস।
অক্ষত চৌষট্টি খোপ তৃষ্ণার অর্থ জানে না।
শান্তি লুকিয়ে হাত ধরতে এলে আমরা ভাবি দুঃস্বপ্ন।
নগ্ন পরিস্থিতি অস্বীকার করার সাহস আমার আছে,
কিন্তু প্রতিটি স্পর্শে আমি দুর্বল।
আত্মপরিচয় কোথায় পাই বলো তো?
ধরতে গেলে অশরীরী হওয়ার ভয় দেখায়
হত্যাকারীর শাস্তির সাক্ষী কজন থাকে?
তীব্র টানাপোড়েন বাঁচিয়ে রাখে শুধু।
এখন শুধু রাতের অপেক্ষা,
তারপরই মৃত্যু!

42. নিজের মতো

একটা রামধনুর মতো সকাল,
সেদিনই প্রথম চোখাচোখি।
অপরিণত অক্ষর জানে সেই ছোঁয়ার সার্থকতা,
তুমি খানিকটা সিন্ধুর ছায়ার মতো,
যার প্রতিটি আঁধারময় বিন্দুতে আমার অস্তিত্ব।
ইতিহাসের পাতায় নিঃশ্বাস আপেক্ষিক,
তবুও একপেশী সূর্যমুখী তোমার জন্য তুলে রাখা।
আবারও ঘুমের পরিপূরক হয়ে ওঠে আমাদের স্বপ্ন,
নিশ্চুপ ওই শার্শি জানে,
কাব্যগুলো কিভাবে অদৃশ্য হয়।
কথায় জমে থাকা অভিমান অভিসারী খুব,
ক্লান্ত ব্যথার মতো।

43. মোহভঙ্গ

আঁজলা আঁজলা আগুন গিলে চলি,
বুকের পাঁজরে খোদাই করা সত্যতা।
পালিয়ে বাঁচি আর নিজেই হাসি।
সংসার আর মনের খিদে,
খুব অসম লড়াই।
গতকালের ভবিষ্যত পেরেক গাঁথে শরীরে,
রক্তের হাহাকার ছিনিয়ে নেয় অস্থিরতা,
চাওয়া শুধু ব্যর্থতার অবসর হয়ে দাঁড়ায়।
নখে লেগে থাকা রক্ত জানে গতকালের স্মৃতি।
অভ্যাস পোড়ে, মানুষ পোহায়।
ইতিহাসের বিবর্তন কঙ্কাল বিচার করে,
নিঃসঙ্গতা জ্বলে ওঠে।
ভালোবাসার মাত্রা বুঝি না,
হয়তো ভালোবাসাই বুঝি না।
কিন্তু নিঃশ্বাসের পরিবর্তন বুঝি।
এ পাপের সাজা একটাই–
মোহভঙ্গ।

৪৪. বিপদ

কোথায় যেন অনুভূতিরা নিলামে উঠেছে,
ওরা পুড়ছে আস্তে আস্তে।
পোড়ার গন্ধ আসছে খুব,
কিন্তু ছাই কই?
এ তো সব জীবনের উদবায়ী বাষ্প,
শীত করছে এবার।
চাদরে ভবিষ্যতহীন অতীত লেগে আছে,
এখন উপায়!
কিন্তু ওরা তো প্রতিজ্ঞা করেছিল!
বর্তমানকেই তো কিনতে চেয়েছিলাম আমি,
তখন তো ওরা বলে দেয়নি!
বর্তমানের আয়নার পিঠে অতীতের থাবা বসানো আছে,
কে বাঁচাবে এখন?
আরো পুড়ছে।
এবার আমিও পুড়ছি।
ঝলসানো নিঃশ্বাস ভেসে আসছে।
শীতটুকু বাঁচিয়ে দিচ্ছে বোধহয়,
আরো জাপটে ধরো।

45. যুদ্ধের শেষে

একরত্তি রাত এসেছিল চিলেকোঠা বেয়ে,
কেমন থমথমে সব।
মানুষের স্পর্শ, কই চিনি না তো!
সিঁড়িভাঙা অভ্যেস শিকেয় উঠেছে কবে!
ভালোবাসার দমক ছিটকে আসছে,
আমি কি মিথ্যে বললাম?
হোঁচট খেলাম।
মন পোড়ানো আমার বরাবরের শখ।
গাছের মতো প্রেমিক চেয়ে আর কতকাল?
কাল্পনিক কৌতুক সবটা।
বিশ্বাস গেলার প্রতিযোগিতা আজ,
দেখি কে কে হারতে পারে।
আমরা সবাই তো নিজের প্রতিবেশী।
চলো একসঙ্গে ভুল করি,
গোপনীয়তার মৃত্যুদণ্ড হোক।

46. অধিকার বনাম উষ্ণতা

সময়ের বয়ান কিছুটা ঘাসের মতো
সবুজ থেকে লালচে হবে
লালচে থেকে থয়েরি
হিসেব রাখি প্রতিবেশীর মতো
আবহমান সংকেত পাই।
ফিরে যাওয়ার পথ শেষ,
পৃথিবীর উপহার?
স্বেচ্ছামৃত্যু।
দরজা ভেঙে যেটুকু শীতলতা বেঁচে থাকে,
তার গায়ে হলুদের অভ্যেস লেগে।
কোথাও সৈন্যদের ভিড় নেই,
চৌষট্টি খোপ শুধুই কিস্তিমাতের সাক্ষী।
চিঠিতে সব থাকে না।
তাই বিকেলের ক্লান্তিটুকু থাক।

47. অধর্ম

যারা স্বপ্নে জন্ম নেয় রোজ,
যাদের দৃষ্টি বেয়ে নেমে আসে জাতিস্মরের রক্ত,
আমি তাদের চিনে ফেলি।
যারা আগুন গিলে নিজের অস্তিত্ব আগলে রাখে,
যাদের নখ উপড়ালে শুধুই আত্মদহনের গন্ধ,
আমি তাদের গায়ে মেখে ফেলি।
যারা বোবাগর্ভ ধারণ করে খালি,
যাদের নামে জন্মসূত্র ব্যর্থ হয় রোজ,
আমি তাদের ছুঁয়ে ফেলি।
এবার আমিও ছাই দিয়ে ঘর সাজানো শিখেছি,
কতদূরে অন্ধত্বের বয়ান সত্যি হয় আমি জানি।
ওপারের ক্লান্তি চোখের কাজল হবে।
চোখাচোখি না হলেও মেঘেরা আসবে।
মাঝরাত্রের অবাধ্য আশকারা হলাম আবার,
এবার নতুন লড়াই,
তোমায় নিয়েই জেহাদ,
আমি সুর হারাবো,
চলো, পিছু ডাক অস্পৃশ্য হোক।

44. স্বাধীনতার জন্মদিনে

ওপারের জন্মবৃত্তান্ত ফিরিয়ে আনে চেনা সম্পৃক্ততা
কোথায় তোমার ঠিকানা?
নিঃশ্বাস অপেক্ষার প্রহর গোণে
কীসের প্রত্যয়?
ওরা সংজ্ঞা জানে না।
মুক্তি ভেবে শক্তি চায় খালি,
ব্যর্থতায় চৈতন্যবোধ।
মাত্রা বদলায় ভোরের মতো
মুখ লুকানো নগ্ন শরীর কি ব্যর্থ তবে?
নির্ভয়া কি শান্ত এখনো?
কাঁটাতারে ঝরা রক্ত কিসের প্রতিশব্দ?
মায়ের শেষ নিঃশ্বাস উত্তর পেল কই?
চলো উৎসব করি।
অশোক স্তব্ধ তন্দ্রা চিনুক।
আমরা আবার অভিনয় করি।

49. পছন্দের বাইরে

লাল ছবিটার গন্ধ ছড়ায় আবার
শিরশিরিয়ে ওঠে ডাকনাম
মনগড়া চিঠি জানে রাজার ছদ্মবেশ
অনুভূতিরা মৃতপ্রায়।
না, শাস্তি নয়।
সমুদ্রের দায় কারোর থাকে না।
যান্ত্রিকতায় অস্তিত্ব অবিকল।
ঘরের ছাদ এখন অনেক শক্ত,
ঝড় আসে না তাই।
হিসেব চাই না আমি।
এত লজ্জা রাখবি কোথায়?
আমি বেইমান, ইতিহাস নয়।

50. শেষের শেষে

ফিরে আসে একরোখা শরীর
মৃত্যু করবে এবার জীবনের হিসেব
কোথাও আটকে থাকে অশরীরী ওরা
আমি হারাই বারবার
বাঁচার কারণ সমান্তরাল।
অপেক্ষা?
অসীমের।
ওরা ফেরে না কখনো।
আসলে চায় না।
নেশার মতো শরীর জ্বলে
প্রতিশ্রুতি ডুবে যায় জাহাজের মতো
বিশ্বাসগুলো লোহার মতো ভাসে
পাওয়ার হিসেব ফুরায় ধীরে-ধীরে
ঘুম আসে।
কবিতারা জানে ওরা কতবার মরে।
জাতিস্মরের ছাই বুনছে ওরা এখনও
শীত নামুক।
মৃত্যু দেখি প্রচুর।
অনুপ্রাণিত হই।

51. আমার ফিনিক্স

শরীরের বিন্দু বিন্দু ক্ষত,
কিসের মিছিল?
ভোর ভাগ্যে না সইলে অন্ধকার মাখি।
স্বপ্নের শিরায় রক্ত সব নীল,
লালের মায়া ঘুচেছে কবেই।
অনুভূতির সিলুয়েট গ্রাস করে ফিরে যায়
রক্ত মাংসের লোভ শেষ ওদের।
যুক্তি শরীর এলিয়ে পড়ে,
বেমক্কা সূর্যমুখীর মতো।
আধখোলা নিঃশ্বাস সবার জন্য নয়।
ভয় নেই।
স্মৃতির ভারে জীবিত আমার ফিনিক্স।
উত্তরার লাঞ্ছনা ব্যর্থ মনে হয় না,
শুধু সেই ভারতকে ক্লান্ত লাগে।
শূন্য পাকস্থলী রাত জাগবে রোজ,
আমি কই?
অস্বীকারে অস্তিত্ব সংকট ভীষণ।
শরীর খুবলে নিক অপরিণত শোকের মাশুল।

52. অশান্ত আতর

ছাড়তে জানার পাঁচিল আগলে আর কতকাল?
অধৈর্য খুব দামি হয়ে ওঠে।
আত্মগোপন অসাড় শরীর হাতড়ায়।
আকাশে ভাসা চিল জানে আসল সত্যি,
ছোঁ দিয়ে খুবলে নেওয়া খুব সহজ নয়।
ওপারে শরীর-মন অভিসন্ধি,
ছেলেমানুষী রাত পোহায় অশান্ত আতরের মতো।
ফিরে তাকানো সহজ,
অন্বত্ব নয়।
পর্দা-ঘেরা অতীত উজ্জ্বলতার ছায়ায় বাঁচে।
আমরা বাস্তু খুঁড়ি,
শাপ একাই ঘর ভরিয়ে দেয়।
যাত্রাগুলো অস্পৃশ্য হোক।
স্বত্বা ঋণ চায় খালি,
লক্ষ্যের চুম্বন একলসেরে।
তবুও সে আসুক
অসুখ করুক।
ভালোবাসুক।

৫৩. আম্রপালি

সে ঘুমিয়েছে কখন!
এপারে যুদ্ধ!
রক্ত, খুন, শরীর,
সৌন্দর্যায়নের প্রাপ্তি হয়তো।
রাতের সঙ্গী তালিকাভুক্ত,
জীবনসঙ্গী নয়!
ধুর পাগল!
মন আবার শরীরে থাকে নাকি?
স্বপ্নে কি রোজ পুষ্পকুমার আসে?
সম্মানীয় শরীরে কজন হয় নগরবধূ?
থোকা থোকা দৃষ্টি ভেসে আসে,
ওরা ভালোবাসাকে দূরে সরায়!
ঘৃণা করি তোমায়!
আমার কোনো মিথ্যা মুক্তি নেই!
আর দেখি না তোমায়,
অজাতশত্রু!

লেখক পরিচিতি

লেখিকা- অনিতা রক্ষিত

লেখক পরিচিতি- লেখিকা অনৈতা রক্ষিত এর জন্ম ২০০২ সালের ১৯ শে অক্টোবর কোচবিহার জেলায়। ঐতিহ্যবাহী বিদ্যালয় সুনীতি একাডেমী থেকে মাধ্যমিক এবং বর্তমানে কোচবিহার জেলারই একটি বেসরকারি বিদ্যালয়ে (DOOARS INTERNATIONAL PUBLIC SCHOOL) পাঠরতা। লেখালিখির পাশাপাশি আবৃত্তি চর্চা ও থিয়েটার করতে ভালোবাসেন। শখ বলতে সবরকম কবিতার বই পড়া, সমালোচনামূলক সাহিত্য ও ক্রিটিক রিভিউ দেখা, পাহাড়ে ঘুরে বেড়ানো, গান করা এইসব। ২০১৮ সালে কলা উৎসবে থিয়েটার বিভাগে পেয়েছেন জাতীয় পুরস্কার।

ফড়িং কথা

অনলাইন ও অফলাইন ম্যাগাজিনের পাশাপাশি নব উদ্যমে শুরু হল নেট ফড়িং সম্পাদিত একক বই এর কাজ। এই আঙ্গিকে প্রকাশিত হল নেট ফড়িং এর দ্বিতীয় একক কাব্যগ্রন্থ 'ইকেবানা'। লেখিকা নেট ফড়িং এর প্রথম ধাপে পথ চলার অন্যতম কলম সৈনিক অনৈতা রক্ষিত। নেট ফড়িং এর ওপর বইটি সম্পাদনা ও প্রকাশ করার গুরুভার অর্পণ করার জন্য অসংখ্য ধন্যবাদ লেখিকা-কে। আশা রাখছি পাঠকরাও একইভাবে বইটিকে ভালোবেসে আপন করে নেবেন। শুভেচ্ছা ও অভিনন্দন জানাই প্রিয় লেখিকা অনৈতা রক্ষিত-কে। আপনার লেখনী সমৃদ্ধ করুক বাংলা সাহিত্য-কে।
-টিম নেট ফড়িং

নেট ফড়িং এর প্রতিটি সংখ্যা পড়তে ক্লিক করুন নেট ফড়িং এর ওয়েবসাইট www.netphoring.com এ। নেট ফড়িং এর ব্লগে

লেখা পোস্ট করতে মেইল করুন netphoring@gmail.com এ। লেখার ওপর উল্লেখ করুন নেট ফড়িং ব্লগ।

একক বই এর নেপথ্যে-

আপনার একক বই এর জন্য লেখার পাণ্ডুলিপি পাঠান বাংলাতে টাইপ করে বা ডক ফরম্যাটে Whats App বা Mail এ। পাণ্ডুলিপির সাথে লেখকের নাম-ঠিকানা, ফোন নম্বর ও মেইল আইডি থাকা আবশ্যিক। পাণ্ডুলিপি মনোনীত হলে মেইল এর উত্তর পাবেন। বিস্তারিত জানতে যোগাযোগ করুন।

Whats App- 7501403002

Mail Id- netphoring@gmail.com

পাঠকের মতামত নেপথ্যে-

কি করে জানাবেন আপনার মতামত, কেমন লাগছে নেট ফড়িং এর অনলাইন ও অফলাইন সংখ্যা? কেমন লাগছে নেট ফড়িং সম্পাদিত বইগুলো? আপনার মতামত জানিয়ে মেইল করুন আমাদের netphoring@gmail.com এ সম্পাদকীয় প্রসঙ্গে মতামত জানাতে মেইল করুন sealbikram9@gmail.com এ। হোয়াটস আপ করতে পারেন ৭৫০১৪০৩০০২ এই নম্বর এ। আপনাদের মতামতই আমাদের চলার পথের অনুপ্রেরণা।

আমাদের ফেসবুক পেজ এর লিঙ্ক https://facebook.com/netphoring

আমাদের ওয়েবসাইটের লিঙ্ক https://www.netphoring.com/

9 798886 672268